तर्कसंग्रह

अन्नम्भट्ट

क्रम-सूची

1

निधाय हृदि विश्वेशं विधाय गुरुवन्दनम् ।
बालानां सुखबोधाय क्रियते तर्कसंग्रहः ॥

द्रव्यगुणकर्मसामान्यविशेषसमवायाऽभावाः

सप्तपदार्थाः ॥

तत्र   द्रव्याणि
पृथिव्यप्तेजोवाय्वाकाशकालदिगात्ममनांसि नवैव
॥

रूपरसगन्धस्पर्शसंख्यापरिमाणपृथक्त्वसंयोगविभाग-
परत्वापरत्व-गुरुत्व-द्रवत्व- स्नेह- शब्द- बुद्धि- सुख-
दुःखेच्छा-द्वेष-प्रयत्न-धर्माधर्म- संस्काराः
चतुर्विंशतिर्गुणाः ॥

उत्क्षेपणापक्षेपणाकुञ्चनप्रसारणगमनानि पञ्च कर्माणि ॥

- परमपरं चेति द्विविधं सामान्यम् ॥

- नित्यद्रव्यवृत्तयो विशेषास्त्वनन्ता एव ॥

- समवायस्त्वेक एव ॥

- अभावश्चतुर्विधः प्रागभावः प्रध्वंसाभावःअत्यन्ताभावः अन्योन्याभावश्चेति ॥

॰৵৽

तत्र गन्धवती पृथिवी ।

सा द्विविधानित्याऽनित्या च ।

- नित्या परमाणुरूपा ।
- अनित्या कार्यरूपा ।

पुनस्त्रिविधा शरीरेन्द्रियविषयभेदात् ।

- शरीरमस्मदादीनाम् ।
- इन्द्रियं गन्धग्राहकं घ्राणम् ।

- *तच्च नासाग्रवर्ति ।*
- *विषयो मृत्पाषाणादिः ।।*

शीतस्पर्शवत्यः आपः ।

ता द्विविधाः नित्या अनित्याश्च ।

- *नित्याः परमाणुरूपाः ।*
- *अनित्याः कार्यरूपाः ।*

पुनस्त्रिविधा शरीरेन्द्रियविषयभेदात् ।

- *शरीरं वरुणलोके ।*
- *इन्द्रियं रसग्राहकं रसनं जिह्वाग्रवर्ति ।*
- *विषयः सरित्समुद्रादिः ।।*

उष्णस्पर्शवत्तेजः ।

तच्च द्विविधं नित्यमनित्यं च ।

- *नित्यं परमाणुरूपं ।*
- *अनित्यं कार्यरूपं ।*

पुनस्त्रिविधं शरीरेन्द्रियविषयभेदात् ।

- *शरीरमादित्यलोके प्रसिद्धम् ।*
- *इन्द्रियं रूपग्राहकं चक्षुः कृष्णताराग्रवर्ति ।*
- *विषयश्चतुर्विधः भौमदिव्यौदर्याकरज भेदात् ।*

> “भौमं वह्न्यादिकम् ।
> अबिन्धनं दिव्यं विद्युदादि ।
> भुक्तस्य परिणामहेतुरौदर्यम् ।
> आकरजं सुवर्णादि ।।”

रूपरहीतः स्पर्शवान्वायुः ।

स द्विविधः नित्योऽनित्यश्च ।

- नित्यः परमाणुरूपः ।
- अनित्यः कार्यरूपः ।

पुनस्त्रिविधः शरीरेन्द्रियविषयभेदात् ।

- शरीरं वायुलोके ।
- इन्द्रियं स्पर्शग्राहकं त्वक्सर्वशरीरवर्ति ।
- विषयो वृक्षादिकम्पनहेतुः ।।

शरीरान्तःसंचारी वयुः प्राणः ।
स च एकोऽप्युपाधिभेदात्प्राणापानादिसंज्ञां लभते ।।

शब्दगुणकमाकाशम् ।

तच्चैकं विभु नित्यञ्च ।।

अतीतादिव्यवहारहेतुः कालः ।

स चैको विभुर्नित्यश्च ।।

प्राच्यादिव्यवहारहेतुर्दिक् ।

सा चैका विभ्वी नित्या च ॥

ज्ञानाधिकरणमात्मा ।

स द्विविधः परमात्मा जीवात्मा च ।
तत्रेश्वरः सर्वज्ञः परमात्मैक एव ।
जीवात्मा प्रतिशरीरं भिन्नो विभुर्नित्यश्च ॥

सुखाद्युपलब्धिसाधनमिन्द्रियं मनः ।

तच्च प्रत्यात्मनियतत्वादनन्तं परमाणुरूपं नित्यं
च ॥

चक्षुर्मात्रग्राह्यो गुणो रूपम् ।

तच्च शुक्लनीलपीतरक्तहरितकपिशचित्रभेदात् सप्तविधम् ।
पृथिवीजलतेजोवृत्ति ।

- तत्र पृथिव्यां सप्तविधम् ।
- अभास्वरशुक्लं जले ।
- भास्वरशुक्लं तेजसि ॥ १९ ॥

रसनग्राह्यो गुणो रसः ।

स च मधुराम्ललवणकटुकषायतिक्तभेदात् षड्विधः ।

पृथिवीजलवृत्तिः ।

- तत्र पृथिव्यां षड्विधः ।
- जले मधुर एव ।।

-

घ्राणग्राह्यो गुणो गन्धः ।

स द्विविधः सुरभिरसुरभिश्च ।

- पृथिवीमात्रवृत्तिः ।।

-

त्वगिन्द्रियमात्रग्राह्यो गुणः स्पर्शः ।

स च त्रिविधः शीतोष्णानुष्णाशीतभेदात् ।
पृथिव्यप्तेजोवायुवृत्तिः ।

- तत्र शीतो जले ।
- उष्णस्तेजसि ।
- अनुष्णाशीतः पृथिवीवाय्वोः ।।

रूपादिचतुष्टयं *पृथिव्यां* पाकजमनित्यं च ।
अन्यत्र अपाकजं नित्यमनित्यं च ।
नित्यगतं नित्यम् ।
अनित्यगतमनित्यम् ।।

-

एकत्वादिव्यवहारहेतुः संख्या ।

सा नवद्रव्यवृत्तिः एकत्वादिपरार्धपर्यन्ता ।
एकत्वं नित्यमनित्यं च ।

- नित्यगतं नित्यम् ।
- अनित्यगतमनित्यम् ।

द्वित्वादिकं तु सर्वत्राऽनित्यमेव ।।

मानव्यवहारासाधारणकारणं परिमाणम् ।

नवद्रव्यवृत्तिः ।
तच्चतुर्विधम् ।
अणु महद्दीर्घं ह्रस्वं चेति ।।

पृथग्व्यवहारासाधारणकारणं पृथक्त्वम् ।

सर्वद्रव्यवृत्तिः ।।

संयुक्तव्यवहारहेतुः संयोगः ।

सर्वद्रव्यवृत्तिः ।।

- संयोगनाशको गुणो विभागः ।

सर्वद्रव्यवृत्तिः ।।

- परापरव्यवहारासाधारणकारणे परत्वापरत्वे ।

पृथिव्यादिचतुष्टय मनोवृत्तिनी ।
ते द्विविधे दिक्कृते कालकृते च ।

- दूरस्ते दिक्कृतं परत्वम् ।
- समीपस्थे दिक्कृतमपरत्वम् ।

- ज्येष्ठे कालकृतं परत्वम् ।
- कनिष्ठे कालकृतमपरत्वम् ।।

- आद्यपतनासमवायिकारणं गुरुत्वम् ।

पृथिवीजलवृत्ति ।।

- आद्यस्यन्दनासमवायिकारणं द्रवत्वम् ।

पृथिव्यप्तेजोवृत्ति ।
तद्द्विविधं सांसिद्धिकं नैमित्तिकं च ।

- सांसिद्धिकं जले ।
- नैमित्तिकं पृथिवीतेजसोः ।

पृथिव्यां घृतादावग्नि संयोगजं द्रवत्वम् ।
तेजसि सुवर्णादौ ।।

- चूर्णादिपिण्डीभावहेतुर्गुणः स्नेहः ।

जलमात्रवृत्तिः ।।

- श्रोत्रग्राह्यो गुणः शब्दः आकाशमात्रवृत्तिः ।

स द्विविधः ध्वन्यात्मकः वर्णात्मकश्च ।

- तत्र ध्वन्यात्मकः भेर्यादौ ।
- वर्णात्मकः संस्कृतभाषादिरूपः ।।

- सर्वव्यवहारहेतुर्गुणो बुद्धिर्ज्ञानम् ।

सा द्विविधा स्मृतिरनुभवश्च ।

- संस्कारमात्रजन्यं ज्ञानं स्मृतिः ।
- तद्भिन्नं ज्ञानमनुभवः ।

स द्विविधः यथार्थोऽयथार्थश्च ।

- तद्वति तत्प्रकारकोऽनुभवो **यथार्थः** ।

यथा रजते इदं रजतमिति ज्ञानम् । सैव प्रमेत्युच्यते ।

- तदभाववति तत्प्रकारकोऽनुभवोऽयथार्थः ।

यथा शुक्ताविदंरजतमिति ज्ञानम् । सैव अप्रमेत्युच्यते ।।

"यथार्थानुभवश्चतुर्विधः
प्रत्यक्षानुमित्युपमितिशाब्दभेदात् ।
तत्करणमपि चतुर्विधं
प्रत्यक्षानुमानोपमानशाब्दभेदात् ।।"

असाधारणं कारणं करणम् ।
कार्यनियतपूर्ववृत्ति कारणं ।
कार्यं प्रागभावप्रतियोगि ।।
कारणं त्रिविधं समवाय्यसमवायिनिमित्तभेदात् ।
यत्समवेतं कार्यमुत्पद्यते तत्समवायिकारणम् ।
यथा तंतवः पटस्य पटश्च स्वगतरूपादेः ।
कार्येण कारणेन वा सहैकस्मिन्नर्थे समवेतत्वे सति यत्कारणं तदसमवायिकारणम् ।
यथा तंतुसंयोगः पटस्य तन्तुरूपं पटरूपस्य ।
तदुभयभिन्नं कारणं निमित्तकारणम् ।
यथा तुरीवेमादिकं पटस्य ।
तदेतत्त्रिविधकारणमध्ये यदसाधारणं कारणं तदेव करणम् ।।

तत्र प्रत्यक्षज्ञानकरणं प्रत्यक्षम् ।

इन्द्रियार्थसन्निकर्षजन्यं ज्ञानं प्रत्यक्षम् ।
तद्द्विविधं निर्विकल्पकं सविकल्पकं चेति ।

- तत्र निष्प्रकारकं ज्ञानं निर्विकल्पकं यथेदं किञ्चित् ।
- सप्रकारकं ज्ञानं सविकल्पकं यथा डित्थोऽयं ब्राह्मणोऽयं श्यामोऽयं पाचकोऽयमिति ॥

प्रत्यक्षज्ञानहेतुरिन्द्रियार्थसंनिकर्षः षड्विधः ।
संयोगः संयुक्तसमवायः संयुक्तसमवेतसमवायः समवायः
समवेतसमवायः विशेषणविशेष्यभावश्चेति ।
चक्षुषा घटप्रत्यक्षजनने संयोगः संनिकर्षः ।
घटरूपप्रत्यक्षजनने संयुक्तसमवायः संनिकर्षः । चक्षुः संयुक्ते घटे
रूपस्य समवायात् ।
रूपत्वसामान्यप्रत्यक्षे संयुक्तसमवेतसमवायः संनिकर्षः ।
चक्षुः संयुक्ते घटे रूपं समवेतं तत्र रूपत्वस्य समवायात् ।
श्रोत्रेण शब्दसाक्षात्कारे समवायः संनिकर्षः ।
कर्णविवरवर्त्याकाशस्य श्रोत्रत्वात्
शब्दस्याकाशगुणत्वाद्गुणगुणिनोश्च
समवायात् ।
शब्दत्वसाक्षात्कारे समवेतसमवायः संनिकर्षः - श्रोत्र समवेते शब्दे
शब्दत्वस्य समवायात् ।
अभावप्रत्यक्षे विशेषणविशेष्यभावः संनिकर्षः ।
घटाभाववद्भूतलमित्यत्र चक्षुः संयुक्ते भूतले घटाभावस्य
विशेषणत्वात् ।
एवं संनिकर्षषट्कजन्यं ज्ञानं प्रत्यक्षं । तत्करणमिन्द्रियं ।
तस्मातिन्द्रियं प्रत्यक्षप्रमाणमिति सिद्धम् ॥

अनुमितिकरणमनुमानम् ।

परामर्शजन्यं ज्ञानमनुमितिः ।
व्याप्तिविशिष्टपक्षधर्मताज्ञानं ।
यथा वह्निव्याप्यधूमवानयं पर्वत इति ज्ञानं परामर्शः ।
तज्जन्यं पर्वतो वह्निमानिति ज्ञानमनुमितिः ।

यत्र यत्र धूमस्तत्र तत्राग्निरिति साहचर्यनियमो व्याप्तिः ।
व्याप्यस्य पर्वतादिवृत्तित्वं पक्षधर्मता ।।
अनुमानं द्विविधं स्वार्थं परार्थं च ।

- तत्र स्वार्थं स्वानुमितिहेतुः ।

तथाहि स्वायमेव भूयोदर्शनेन यत्र यत्र धूमस्तत्र तत्राग्निरिति महानसादौ व्याप्तिं गृहीत्वा पर्वतसमीपं गतः तद्गते चाग्नौ सन्दिहानः पर्वते धूमं पश्यन्व्याप्तिं स्मरति यत्र यत्र धूमस्तत्र तत्राग्निरिति । तदनन्तरं वह्निव्याप्यधूमवानयं पर्वत इति ज्ञानमुत्पद्यते अयमेव लिङ्गपरामर्श इत्युच्यते ।
तस्मात्पर्वतो वह्निमानिति ज्ञानमनुमितिः उत्पद्यते ।
तदेतत्स्वार्थानुमानम् ।

- यत्तु स्वयं धूमाग्निमनुमाय परंप्रतिबोधयितुं पञ्चावयव वाक्यं प्रयुज्यते तत्परार्थानुमानम् ।

यथा पर्वतो वह्निमान्धूमत्वात् । यो यो धूमवान् सो वह्निमान् थाय महानसः तथा चायं तस्मात्तथेति ।
अनेन प्रतिपादिताल्लिङ्गात् त्परोऽप्यग्निं प्रतिपद्यते ।।
प्रतिज्ञाहेतूदाहरणोपनयनिगमनानि पञ्चावयवाः ।
पर्वतो वह्निमानिति प्रतिज्ञा ।
धूमवत्वादिति हेतुः ।
यो यो धूमवान्स वह्निमान्यथा महानस इत्युदाहरणम् ।
तथा चायमित्युपनयः ।
तस्मात्तथेति निगमनम् ।।
स्वार्थानुमितिपरार्थानुमित्योः लिङ्गपरामर्श एवकरणम् ।
तस्माल्लिङ्गपरामर्शोऽनुमानम् ।।
लिङ्गं त्रिविधम् ।
अन्वयव्यतिरेकि केवलान्वयि केवलव्यतिरेकि चेति ।

- अन्वयेन व्यतिरेकेण च व्याप्तिमदन्वयव्यतिरेकि ।

यथा वह्नौ साध्ये धूवत्वम् ।

- यत्र धूमस्तत्राग्निर्यथा महानस इत्यन्वयव्याप्तिः ।

यत्र वह्निर्नास्ति तत्र धूमोऽपि नास्ति यथा महाह्रद इति व्यतिरेकव्याप्तिः ।

- अन्वयमात्रव्याप्तिकं केवलान्वयि ।

यथा घटोऽभिधेयः प्रमेयत्वात्पटवत् ।
अत्र प्रमेयत्वाभिधेयत्वयोः व्यतिरेकव्याप्तिर्नास्ति सर्वस्यापि प्रमेयत्वादभिधेयत्वाच्च ।
व्यतिरेकमात्रव्याप्तिकं केवलव्यतिरेकि यथा पृथिवीतरेभ्यो भिद्यते गन्धवत्वात् ।
यदितरेभ्यो न भिद्यते न तद्गन्धवद्यथा जलम् ।
न चेयं तथा । तस्मान्न तथेति ।
अत्र यद्गन्धवत्तदितरभिन्नमित्यन्वयदृष्टान्तो
नास्ति पृथिवीमात्रस्य
पक्षत्वात् ॥
सन्दिग्धसाध्यवान्पक्षः ।
यथा धूमवत्त्वे हेतौ पर्वतः ।
निश्चितसाध्यवान्सपक्षः यथा तत्रैव महानसम् ।
निश्चितसाध्याऽभाववान्विपक्षः यथा तत्रैव
महाह्रदः ॥
सव्यभिचारविरुद्धसत्प्रतिपक्षासिद्धबाधिताः पञ्च हेत्वाभासाः ।

- सव्यभिचारोऽनैकान्तिकः ।

स त्रिविधः साधारणासाधारणानुपसंहारिभेदात् ।

"तत्र साध्याभाववद्वृत्तिः साधारणोऽनैकान्तिकः यथा पर्वतो वह्निमान्प्रमेयत्वादिति ।
प्रमेयत्वस्य वह्न्यभाववति ह्रदे विद्यमानत्वात् ।
सर्वसपक्षविपक्षव्यावृत्तः पक्षमात्रवृत्तिः
असाधारणः ।
यथा शब्दो नित्यः शब्दत्वादिति ।
शब्दत्वं हि सर्वेभ्यो नित्येभ्योऽनित्येभ्यश्च
व्यावृत्तं शब्दमात्रवृत्तिः ।
अन्वयव्यतिरेकदृष्टान्तरहितोऽनुपसंहारी ।
यथा सर्वमनित्यं प्रमेयत्वादिति ।
अत्र सर्वस्यापि पक्षत्वाद्दृष्टान्तो नास्ति ।"

- साध्याभावव्याप्तो हेतुर्विरुद्धः ।

यथा शब्दो नित्यः कृतकत्वादिति ।
कृतकत्वं हि नित्यत्वाभावेनाऽनित्यत्वेन व्याप्तम् ।

- यस्य साध्याभावसाधकं हेत्वन्तरं विद्यते स सत्प्रतिपक्षः ।

यथा शब्दो नित्यः श्रावणत्वाच्छब्दत्ववत् ।
शब्दोऽनित्यः कार्यत्वाद्घटवत् ।

- असिद्धस्त्रिविधः   आश्रयासिद्धः
स्वरूपासिद्धो व्याप्यत्वासिद्धश्चेति ।

आश्रयासिद्धो   यथा   गगनारविन्दं   सुरभि
अरविन्दत्वात्सरोजारविन्दवत् ।
अत्र गगनारविन्दमाश्रयः स च नास्त्येव ।

स्वरूपासिद्धो यथा शब्दो गुणश्चाक्षुषत्वात् ।
अत्र चाक्षुषत्वं शब्दं नास्ति शब्दस्य श्रावणत्वात् ।
सोपाधिको हेतुः व्याप्यत्वासिद्धः ।
साध्यव्यापकत्वे सति साधनाव्यापकत्वमुपाधिः ।
साध्यसमानाधिकरणात्यन्ताभावाप्रतियोगित्वं   साध्यव्यापकत्वम्
।

साधनवन्निष्ठात्यन्ताभावप्रतियोगित्वं साधनाव्यापकत्वम् ।
पर्वतो धूमवान्वह्निमत्वादित्यत्रार्द्रेन्धनसंयोग उपाधिः ।
तथाहि यत्र धूमस्तत्रार्द्रेन्धनसंयोग इति साध्यव्यापकता ।
यत्र   वह्निस्तत्रार्द्रेन्धनसंयोगो   नास्त्ययोगोलके
आर्द्रेन्धनसंयोगाभावादिति साधनाव्यापकता ।
एवं साध्यव्यापकत्वे अस्ति साधनाव्यापकत्वार्द्रेन्धनसंयोग उपाधिः
।

सोपाधिकत्वाद्वह्निमत्वं व्याप्यत्वासिद्धम् ।

• यस्य साध्याभावः प्रमाणान्तरेण निश्चितः स बाधितः ।

यथा वह्निरनुष्णो द्रव्यत्वाज्जलवत् ।
अत्रानुष्णत्वं साध्यं तदभाव उष्णत्वं स्पर्शनप्रत्यक्षेण गृह्यते इति
बाधितत्वम् ।।

उपमितिकरणमुपमानम् ।

संज्ञासंज्ञिसम्बन्धज्ञानमुपमितिः ।
तत्करणं सादृश्यज्ञानम् ।
अतिदेशवाक्यार्थस्मरणमवान्तर व्यापारः ।
तथा   हि
कश्चिद्गवयशब्दार्थमजानन्कुतश्चिदारण्यकपुरुषाद्गोसदृशो   गवय
इति श्रुत्वा वन गंतो वाक्यार्थं स्मरन्गोसदृशं पिण्डं पश्यति ।
तदनन्तरमसौ गवयशब्दवाच्य इत्युपमितिरुत्पद्यते ।।

आप्तवाक्यं शद्बः ।

आप्तस्तु यथार्थवक्ता ।
वाक्यं पदसमूहः ।
यथा गामानयेति ।
शक्तं पदम् ।
अस्मात्पदादयमर्थो बोद्धव्य इतीश्वरसंकेतः शक्तिः ।।
आकाङ्क्षा योग्यता संनिधिश्च वाक्यार्थज्ञानहेतुः
पदस्य पदान्तरव्यतिरेकप्रयुक्तान्वयाननुभावकत्वम् आकाङ्क्षा ।
अर्थाबाघो योग्यता ।
पदानामविलम्बेनोच्चारारणं संनिधिः ।।
आकाङ्क्षादिरहितं वाक्यमप्रमाणम् ।
यथा गौरश्वः पुरुषो हस्तीति न प्रमाणमाकाश्णक्षाविरहात् ।
अग्निना सिञ्चेदिति न प्रमाणं योग्यताविरहात् ।
प्रहरे प्रहरेऽसहोच्चारितानि गामानयेत्यादिपदानि न प्रमाणं सन्निध्याभावात् ।।
वाक्यं द्विविधम् ।
वैदिकं लौकिकं च ।

- वैदिकमीश्वरोक्तत्वात्सर्वमेव प्रमाणम् ।
- लौकिकं त्वाप्तोक्तं प्रमाणम् ।

अन्यदप्रमाणम् ।।
वाक्यार्थज्ञानं शब्दज्ञानम् ।
तत्करणं शब्दः ।।

- अयथार्थानुभवस्त्रिविधः संशयविपर्ययतर्कभेदात् ।

एकस्मिन्धर्मिणि विरुद्धनानाधर्मवैशिष्ट्यावगाहि

ज्ञानं संशयः ।
यथा स्थाणुर्वा पुरुषो वेति ।
मिथ्याज्ञानं विपर्ययः ।
यथा शुक्तौ इदं रजतमिति ।
व्याप्यारोपेण व्यापकारोपस्तर्कः यथा यदि वह्निर्न
स्यात्तर्हि धूमोऽपि न स्यादिति ।।
स्मृतिरपि द्विविधा ।
यथार्थायथार्था च ।

• प्रमाजन्या यथार्था ।
• अप्रमाजन्याऽयथार्था ।।

•

सर्वेषामनुकूलतया वेदनीयं सुखम् ।।

•

सर्वेषां प्रतिकूलतया वेदनीयं दुःखम् ।।

•

इच्छा कामः ।।

•

क्रोधो द्वेषः ।।

- कृतिः प्रयत्नः ।।

- विहितकर्मजन्यो धर्मः ।।

- निषिद्धकर्मजन्यस्त्वधर्मः ।।

बुद्ध्यादयोऽष्टावात्ममात्रविशेषगुणाः ।।
बुद्धीच्छा प्रयत्ना द्विविधाः ।
नित्या अनित्याश्च ।
नित्या ईश्वरस्यानित्या जीवस्य ।।

- संस्कारस्त्रिविधः ।

वेगो भावना स्थितिस्थापकश्चेति ।

- वेगः पृथिव्यादिचतुष्टयमनोवृत्तिः ।
- अनुभवजन्या स्मृतिहेतुर्भावना । आत्ममात्रवृत्तिः ।
- अन्यथाकृतस्य पुनस्तदवस्थापकः स्थितिस्थापकः । कटादिपृथिवीवृत्तिः ।। ६४ ।।

-

चलनात्मकं कर्म ।

- ऊर्ध्वदेशसंयोगहेतुरुत्क्षेपणम् ।
- अधोदेशसंयोगहेतुरपक्षेपणम् ।
- शरीरसंनिकृष्टसंयोगहेतुराकुञ्चनम् ।
- विप्रकृष्टसंयोगहेतुः प्रसारणम् ।
- अन्यत्सर्वं गमनम् ।

पृथिव्यादिचतुष्टयमनोमात्रवृत्ति ।।

-

नित्यमेकमनेकानुगतं सामान्यं

द्रव्यगुणकर्मवृत्ति ।
तद्द्विविधं पराऽपरभेदात् ।

- परं सत्ता ।
- अपरं द्रव्यत्वादिः ।।

-

नित्यद्रव्यवृत्तयो व्यावर्तका विशेषाः ।।

- ### *नित्यसम्बन्धः समवायः ।*

अयुतसिद्धवृत्तिः ।
ययोर्द्वयोर्मध्ये एकमविनश्यदपराऽश्रितमेवावतिष्ठते तावयुतसिद्धौ ।
यथा *अवयवाऽवयविनौ क्रियाक्रियावन्तौ* जातिव्यक्ती विशेषनित्यद्रव्ये चेति ।।

- अनादिः सान्तः प्रागभावः ।

  उत्पत्तेः पूर्वं कार्यस्य ।

- सादिरनन्तः प्रध्वंसः ।

  उत्पत्त्यनन्तरं कार्यस्य ।

- त्रैकालिकसंसर्गावच्छिन्नप्रतियोगिताकोऽत्यन्ताभावः ।यथा भूतले घटो नास्तीति ।

  तादात्म्यसम्बन्धावच्छिन्नप्रतियोगिताकोऽन्योन्याभावः ।
  यथा घटः पटो नेति ।।
  सर्वेषां पदार्थानां यथायथमुक्तेष्वन्तर्भावात्सप्तैव
  पदार्था इति सिद्धम् ।।
  कणादन्यायमतयोर्बालव्युत्पत्तिसिद्धये ।
  अन्नंभट्टेन विदुषा रचितस्तर्कसंग्रहः ।।
  इति श्रीमहामहोपाध्याय
  अन्नंभट्टविरचिततर्कसंग्रहः समाप्तः ।।

www.ingramcontent.com/pod-product-compliance
Lightning Source LLC
Chambersburg PA
CBHW071257140726
47996CB00007B/2877